El misterio de la Eucaristía en la vida de la iglesia

Our Sunday Visitor
Huntington, Indiana

El documento *El misterio de la Eucaristía en la vida de la Iglesia* fue desarrollado por el Comité de Doctrina de la Conferencia de Obispos Católicos de los Estados Unidos (USCCB). Fue aprobado por el cuerpo en pleno de USCCB en su Asamblea General de noviembre de 2021, y ha sido autorizado para su publicación por el abajo firmante.

Rev. Michael J. K. Fuller
Secretario General, USCCB

ISBN: 978-1-63966-294-4 (Núm. de inventario T2952)
eISBN: 978-1-63966-295-1

Primera impresión, julio de 2022
Impresión actual, 2024, publicado por OSV, Our Sunday Visitor, 200 Noll Plaza, Huntington, IN 46750; 1-800-348-2440; www.osv.com.

Imagen de portada: *La institución de la Eucaristía* de Ercole de' Roberti, National Gallery, Londres (imagen de dominio público)

Impreso en los Estados Unidos

1. El 27 de marzo de 2020, en un momento temprano de la pandemia mundial, el papa Francisco caminó solo bajo la lluvia por una plaza de San Pedro vacía para ofrecer una oración por el mundo en un tiempo de crisis. "El comienzo de la fe", dijo, "es saber que necesitamos la salvación. No somos autosuficientes; solos nos hundimos. Necesitamos al Señor como los antiguos marineros las estrellas".[1] Recordando cuando Jesús dormía en la barca mientras se desataba una tempestad (véase Mc 4, 35-41), el Santo Padre dijo: "El Señor se despierta para despertar y avivar nuestra fe pascual".[2] Ese día, el papa Francisco presidió el rito de la Exposición Eucarística y la Bendición para centrar nuestra atención en la presencia de Cristo en el Santísimo Sacramento. El Papa nos recordaba que incluso en un momento de turbulencia y crisis, Jesús está presente entre nosotros, tan presente como lo estuvo hace mucho tiempo en la barca en el mar de Galilea.

---

1 Papa Francisco, *Momento extraordinario de oración*, 27 de marzo de 2020. (*https://www.vatican.va/content/francesco/es/messages/urbi/documents/papa-francesco_20200327_urbi-et-orbi-epidemia.html*).

2 Papa Francisco, *Momento extraordinario de oración*, 27 de marzo de 2020.

2. De manera similar, el papa san Juan Pablo II nos recordó esta presencia permanente cuando nos repitió las palabras de Cristo: *Yo estaré con ustedes todos los días, hasta el fin del mundo* (Mt 28, 20). También, proclamó: "Esta promesa de Cristo sigue siendo escuchada en la Iglesia como secreto fecundo de su vida y fuente de su esperanza. Aunque el domingo es el día de la resurrección, no es sólo el recuerdo de un acontecimiento pasado, sino que es celebración de la presencia viva del Resucitado en medio de los suyos".[3]

3. Invocamos estas inspiradoras palabras del santo papa Juan Pablo II al ofrecer estas reflexiones sobre la importancia de la Eucaristía en la vida de la Iglesia. Lo hacemos conscientes de cómo la pandemia nos ha obligado a mantenernos físicamente distantes unos de otros y, por un tiempo, a ver la celebración de la Misa en una pantalla de televisión o computadora. Muchos de los fieles parecen haber visto fortalecida su fe y su deseo de la Eucaristía por una separación tan larga. Al mismo tiempo, como pastores sentimos que otros, habiendo vivido sin Misa durante tanto tiempo, pueden haberse desanimado o acostumbrado

---

3 Papa Juan Pablo II, *Dies Domini*, no. 31.

a vivir sin la Eucaristía. En muchos sentidos, la pandemia todavía está con nosotros.

4. Como cristianos, sabemos que necesitamos que Cristo esté presente en nuestras vidas. Él es nuestro sustento mismo como nos recordó: *Si no comen la carne del Hijo del hombre y no beben su sangre, no podrán tener vida en ustedes* (Jn 6, 53).

5. El Señor nos acompaña de muchas maneras, pero ninguna es tan profunda como cuando lo encontramos en la Eucaristía. En nuestro camino hacia la vida eterna, Cristo nos nutre consigo mismo. Cierta vez, cuando alguien le dijo que ya no veía el sentido de ir a Misa todos los días, la sierva de Dios Dorotea Day reflexionó: "Vamos a comer de este fruto del árbol de la vida porque Jesús nos lo dijo. . . Él tomó sobre sí nuestra humanidad para que pudiéramos compartir su divinidad. Somos alimentados por su carne para que podamos crecer y ser otros Cristos. Yo creo esto literalmente, tal como creo que el niño se alimenta de la leche del pecho de su madre".[4]

---

4 *The Duty of Delight: The Diaries of Dorothy Day*, ed. Robert Ellsberg (Nueva York: Image, 2011) p. 483 (*versión del traductor*); véase *Misal Romano*, Oración colecta para la Natividad del Señor, Misa del día: "Señor Dios, que de manera admirable creaste la naturaleza humana y, de modo aún más admirable, la restauraste, concédenos compartir la divinidad de aquel que se dignó compartir nuestra humanidad".

6. Sin embargo, también sabemos que él está presente en nosotros de una manera que nos une como un solo cuerpo, lo cual proclamamos con nuestro "Amén" al responder a la invitación: el Cuerpo de Cristo. Nuevamente, invocamos las palabras del amado papa polaco: "Para que esta presencia sea anunciada y vivida de manera adecuada no basta que los discípulos de Cristo oren individualmente y recuerden en su interior, en lo recóndito de su corazón, la muerte y resurrección de Cristo. En efecto, los que han recibido la gracia del bautismo no han sido salvados sólo a título personal, sino como miembros del Cuerpo místico, que han pasado a formar parte del Pueblo de Dios".[5]

7. A medida que acogemos de nuevo a la gente en la celebración comunitaria de la Misa, se debe reconocer que ningún documento puede agotar el misterio del don de la Eucaristía. Sin embargo, en diversos momentos, es deseable reflexionar sobre ciertas facetas del misterio que son relevantes para los problemas y desafíos contemporáneos y que nos ayudan a apreciar más profundamente el don de la gracia que nos ha sido dado. En este momento

---

5 Papa Juan Pablo II, *Dies Domini*, no. 31.

particular de la Iglesia en los Estados Unidos, con sus muchos desafíos, nos gustaría reflexionar sobre el **don** de Cristo de sí mismo en la Eucaristía y nuestra **respuesta** a ese don.

I. EL DON

8. En la Misa de la Cena del Señor celebrada el Jueves Santo, el sacerdote reza estas palabras:

> El cual, verdadero y eterno Sacerdote,
> al instituir el sacrificio de la eterna alianza,
> se ofreció primero a ti como víctima salvadora,
> y nos mandó que lo ofreciéramos
> como memorial suyo.
>
> Cuando comemos su carne,
> inmolada por nosotros,
> quedamos fortalecidos;
> y cuando bebemos su Sangre,
> derramada por nosotros,
> quedamos limpios de nuestros pecados.

Las palabras de la liturgia en la noche en que la Iglesia conmemora la institución de la Eucaristía nos hablan de la Misa como la re-presentación del sacrificio único de Cristo en la Cruz, la recepción de

Cristo verdaderamente presente en el Sacramento de la Eucaristía, y los maravillosos efectos de comunión en quienes reciben este don.[6]

9. La misión de toda la vida del Señor en la tierra fue glorificar al Padre trayéndonos la salvación. En el Credo Niceno recitado en la Misa, profesamos "Por nosotros, los hombres, y por nuestra salvación bajó del cielo, y por obra del Espíritu Santo se encarnó de María, la Virgen, y se hizo hombre". La salvación ofrecida en la Vida, Muerte y Resurrección de Cristo es nada menos que participar en la vida misma de Dios, en la comunión de amor entre el Padre, el Hijo y el Espíritu Santo. No hay mayor don que Dios pueda darnos. En Cristo somos *partícipes de la naturaleza divina* (2 Pe 1, 4). Los Padres de la Iglesia se refirieron a esta participación en la vida divina como "divinización". El Hijo eterno de Dios lo hizo posible haciéndose hombre y uniendo la humanidad a su divina Persona. San Agustín explicó, "el hacedor del hombre se ha hecho hombre, para que el hombre

6 Véase *Misal Romano*, Oración sobre las ofrendas del Jueves Santo/Segundo domingo del tiempo ordinario: "Concédenos, Señor, participar dignamente en estos misterios, porque cada vez que se celebra el memorial de este sacrificio, se realiza la obra de nuestra redención. Por Jesucristo, nuestro Señor".

fuese hecho receptor de Dios".[7] De hecho, el papa Francisco nos recuerda que "en el Pan eucarístico, 'la creación está orientada hacia la divinización, hacia las santas bodas, hacia la unificación con el Creador mismo'".[8]

A) El sacrificio de Cristo

10. Para comenzar a comprender el inmenso don ofrecido por Cristo a través de su Encarnación, Muerte y Resurrección, ese don que se nos hace presente en la Eucaristía, primero debemos darnos cuenta de cuán verdaderamente profunda es nuestra alienación de Origen de toda vida como resultado del pecado. Tenemos abundante experiencia del mal, y sin embargo muchos de nosotros negamos la causa de gran parte de ese mal: nuestro propio egoísmo, nuestros propios pecados. Como escribió san Juan en su primera carta, *Si decimos que no tenemos ningún pecado, nos engañamos a nosotros mismos y la verdad no está en nosotros* (1 Jn 1, 8).

---

7 San Agustín, *Sermón* 23 B.1, en *https://www.augustinus.it/spagnolo/discorsi/discorso_571_testo.htm*.

8 Papa Francisco, *Laudato Si'*, no. 236, citando al papa Benedicto XVI, Homilía en la Solemnidad del Corpus Christi (15 de junio de 2006).

11. El pecado es una ofensa a Dios, una falta de amor a Dios y al prójimo que hiere nuestra naturaleza y atenta contra la solidaridad humana.[9] Las capacidades, los talentos y los dones que hemos recibido de Dios están destinados a ser utilizados para el bien; no el bien falso e ilusorio que creamos para nosotros mismos en nuestro deseo egocéntrico, sino el verdadero bien que glorifica al Padre de bondad y está dirigido para el bien de los demás y, al final, también es bueno para nosotros. Cuando hacemos mal uso de los dones de la creación, cuando nos enfocamos egoístamente en nosotros mismos, elegimos el camino del vicio en lugar del camino de la virtud.[10] Este egocentrismo es una herencia de la Caída de nuestros primeros padres. Sin la gracia de Cristo recibida en el Bautismo, fortalecida en la Confirmación y nutrida por la Eucaristía, este egoísmo nos domina.[11]

12. En Cristo, sin embargo, lo que se había perdido por el pecado ha sido restaurado y renovado aún más maravillosamente por la gracia.[12] Jesús, el *nuevo*

---

9 Véase *Catecismo de la Iglesia Católica*, nos. 1849-1850.

10 Véase San Basilio, *Regulae Fusius Tractatae*, Pregunta 2, *Patrologia Graeca* 31:910.

11 Véase *Catecismo de la Iglesia Católica*, no. 385 ss.

12 Véase *Misal Romano*, Oración colecta para la Natividad del Señor, Misa del día.

Adán,[13] "fue crucificado bajo el poder de Poncio Pilato", ofreciéndose a sí mismo como sacrificio para que podamos recibir la herencia que se perdió por el pecado. Al ofrecer gratuitamente su vida en la cruz, Cristo nos permite *poder llegar a ser hijos de Dios* (Jn 1, 12) y heredar el Reino de Dios.[14] San Pedro nos recuerda que Cristo *[cargando] con nuestros pecados, subió al madero de la cruz, para que, muertos al pecado, vivamos para la justicia. Por sus llagas ustedes han sido curados* (1 Pe 2, 24).

13. En la Última Cena, en celebración de la Pascua, Jesús hace explícito que su muerte inminente, abrazada libremente por amor, es sacrificial: *Durante la cena, Jesús tomó un pan, y pronunciada la bendición, lo partió y lo dio a sus discípulos, diciendo: "Tomen y coman. Este es mi Cuerpo". Luego tomó en sus manos una copa de vino, y pronunciada la acción de gracias, la pasó a sus discípulos, diciendo: "Beban todos de ella, porque ésta es mi Sangre, Sangre de la nueva alianza, que será derramada por todos, para el perdón de los pecados"* (Mt 26, 27-28). En las palabras y gestos de la Última Cena, Jesús deja claro que por amor

---

13 Véase 1 Cor 15, 45-49.

14 Véanse Heb 9, 15; Ef 1, 14.

a nosotros ofrece gratuitamente su vida por el perdón de nuestros pecados. Al hacerlo, es a la vez el sacerdote que ofrece un sacrificio y la víctima que es ofrecida. Como sacerdote, Jesús ofrece un sacrificio a Dios Padre, una ofrenda prefigurada por la ofrenda de pan y vino de Melquisedec, sacerdote del Dios Altísimo (véase Gén 14, 18; véanse Sal 109, 4; Hb 5-7 *passim*). Anticipando su Pasión en la institución de la Eucaristía, Cristo ha indicado las formas bajo las cuales su ofrenda de sí mismo se nos haría presente sacramentalmente hasta el fin de los tiempos.

14. ¿Por qué es tan importante que entendamos la Eucaristía como un sacrificio? Lo es porque todo lo que Jesús hizo por la salvación de la humanidad se hace presente en la celebración de la Eucaristía, incluidas su Muerte sacrificial y su Resurrección. El sacrificio de Cristo de sí mismo al Padre fue eficaz y salvífico por el amor supremo con que derramó su sangre, el precio de nuestra salvación, y se ofreció a sí mismo al Padre por nosotros.[15] Su sangre, derramada por nosotros, es el signo eterno de ese amor. Como memorial, la Eucaristía no es un sacrificio más, sino la re-presentación del sacrificio de Cristo por el cual

15 Véase Papa Benedicto XVI, *Sacramentum Caritatis*, no. 10.

somos reconciliados con el Padre.[16] Es el camino por el cual somos atraídos a la perfecta ofrenda de amor de Jesús, para que su sacrificio se convierta en el sacrificio de la Iglesia.[17] Como escribió el papa Benedicto XVI,

> El memorial de su total entrega no consiste en la simple repetición de la última Cena, sino propiamente en la Eucaristía, es decir, en la novedad radical del culto cristiano. Jesús nos ha encomendado así la tarea de participar en su "hora". "La Eucaristía nos adentra en el acto oblativo de Jesús. No recibimos solamente de modo pasivo el *Logos* encarnado, sino que nos implicamos en la dinámica de su entrega".[18]

15. La Eucaristía es una comida sacrificial, "el banquete sagrado de la comunión en el Cuerpo y la Sangre del Señor".[19] Su patrón fundamental se encuentra en la celebración judía de la Pascua, que implica *tanto* una comida *como* un sacrificio.

---

16 Véase Concilio de Trento, Sesión XXII, *Doctrina sobre el Sacrificio de la Misa*, capítulo 1.

17 Véanse Papa Benedicto XVI, *Sacramentum Caritatis*, no. 10, y *Catecismo de la Iglesia Católica*, no. 1368.

18 Papa Benedicto XVI, *Sacramentum Caritatis*, no. 11, citando *Deus Caritas Est*, no. 13.

19 *Catecismo de la Iglesia Católica*, no. 1382.

La Cena pascual se celebra en recuerdo del Éxodo, cuando se les dijo a los israelitas que sacrificaran un cordero al Señor y que marcaran con la sangre los dinteles de sus casas, para que el ángel de la muerte pasara por encima de sus casas y dejara indemnes a los israelitas. Esto marcó a un pueblo apartado y escogido por Dios como su posesión especial. Cada familia debía entonces comer el cordero con pan sin levadura como recordatorio de la prisa con la que los israelitas tuvieron que prepararse para su salida de Egipto y con hierbas amargas como recordatorio de su liberación de la esclavitud. En la *Última* Cena, Jesús se revela como el Cordero Pascual ("He aquí el Cordero de Dios") cuyo sacrificio trae la liberación de la esclavitud del pecado y cuya sangre marca a un nuevo pueblo perteneciente a Dios. Todos los sacrificios del Antiguo Testamento prefiguran y encuentran su cumplimiento en el *único* y perfecto sacrificio de Jesús.

16. La obra salvífica de Jesucristo, que ha llevado a su cumplimiento lo anunciado en figura de la Pascua, se re-presenta ahora en la celebración de la Eucaristía. La Eucaristía "actualiza el único sacrificio

de Cristo Salvador".[20] Como enseñó el papa san Juan Pablo II: "La Iglesia vive continuamente del sacrificio redentor, y accede a él no solamente a través de un recuerdo lleno de fe, sino también en un contacto actual, puesto que *este sacrificio se hace presente*, perpetuándose sacramentalmente en cada comunidad que lo ofrece por manos del ministro consagrado".[21]

17. Finalmente, este gran sacramento es también una participación en el culto ofrecido en el cielo, en y a través de Cristo, por los ángeles y los santos. El papa Benedicto XVI explicó que

> en cada Celebración eucarística se realiza sacramentalmente la reunión escatológica del Pueblo de Dios. El banquete eucarístico es para nosotros anticipación real del banquete final, anunciado por los profetas (cf. Is 25, 6-9) y descrito en el Nuevo Testamento como "las bodas del cordero" (Ap 19, 7-9), que se ha de celebrar en la alegría de la comunión de los santos.[22]

20 *Catecismo de la Iglesia Católica*, no. 1330.
21 Papa Juan Pablo II, *Ecclesia de Eucharistia*, no. 12.
22 Papa Benedicto XVI, *Sacramentum Caritatis*, no. 31.

B) La Presencia Real de Cristo

18. Desde el principio, la Iglesia ha creído y celebrado según la enseñanza del mismo Jesús: *El que come mi carne y bebe mi sangre, tiene vida eterna y yo lo resucitaré el último día. Mi carne es verdadera comida y mi sangre es verdadera bebida. El que come mi carne y bebe mi sangre, permanece en mí y yo en él* (Jn 6, 54-56). No es "pan ordinario y bebida ordinaria" lo que recibimos en la Eucaristía, sino la carne y la sangre de Cristo, que vino a alimentarnos y transformarnos, para restaurar nuestra relación con Dios y entre nosotros.[23]

19. En la Eucaristía, con los ojos de la fe vemos ante nosotros a Jesucristo, quien en la Encarnación *se hizo hombre* (Jn 1, 14) y quien en el Misterio Pascual *se entregó por nosotros* (Tit 2, 14), aceptando *incluso una muerte de cruz* (Flp 2, 8). San Juan Crisóstomo predicaba que cuando "veis [el cuerpo de Cristo en el altar] delante de vosotros, decíos a vosotros mismos: 'en virtud de este cuerpo yo ya no soy tierra y ceniza, ya no soy prisionero, sino libre; en virtud de este

23 Véase San Justino Mártir, *Primera apología*, LXVI.

cuerpo espero el paraíso, y espero recibir los bienes, la herencia de los *ángeles*, y conversar con Cristo'".[24]

20. ¿Cómo puede Jesucristo estar verdaderamente presente en lo que todavía parece ser pan y vino? En el acto litúrgico conocido como epíclesis, el obispo o sacerdote, hablando en la persona de Jesucristo, invoca al Padre que haga descender su Espíritu Santo para que convierta el pan y el vino en el Cuerpo y la Sangre de Cristo, y este cambio se produce a través de la narración de la institución, por el poder de las palabras de Cristo pronunciadas por el celebrante.[25]

21. La realidad de que, en la Eucaristía, el pan y el vino se convierten en el Cuerpo y la Sangre, el Alma y la Divinidad de Cristo sin dejar de aparecer como pan y vino a nuestros cinco sentidos, es uno de los misterios centrales de la fe católica. Esta fe es una puerta a través de la cual nosotros, como los santos y los místicos que nos precedieron, podemos entrar a una percepción más profunda de la misericordia y el amor manifestados en y a través

---

24 San Juan Crisóstomo, *Homilías sobre 1 Corintios*, 24.7, citado en Carta del Santo Padre Benedicto XVI con ocasión del XVI centenario de la muerte de san Juan Crisóstomo (10 de agosto de 2007).

25 *Catecismo de la Iglesia Católica*, no. 1353.

de la presencia sacramental de Cristo entre nosotros. Aunque una cosa se ve con nuestros ojos corporales, otra realidad se percibe a través de los ojos de la fe. La presencia real, verdadera y sustancial de Cristo en la Eucaristía es la realidad más profunda del sacramento. Esta "conversión misteriosa es llamada por la Santa Iglesia conveniente y propiamente *transustanciación*".[26] Aunque Cristo está presente para nosotros de muchas maneras en la liturgia, entre ellas en la asamblea reunida, el ministro que preside y la palabra proclamada, la Iglesia también afirma claramente que "el modo de presencia de Cristo bajo las especies eucarísticas es singular".[27] Como escribió san Pablo VI, "Tal presencia se llama *real*, no por exclusión, como si las otras no fueran *reales*, sino por antonomasia, porque es también corporal y *sustancial*, pues por ella ciertamente se hace presente Cristo, Dios y hombre, entero e *íntegro*".[28] En la re-presentación sacramental de su sacrificio, Cristo no retiene nada, ofreciéndose a sí mismo, enteramente y totalmente. El uso de la palabra "sustancial" para señalar la

---

26 Papa Pablo VI, *Credo del Pueblo de Dios*, no. 25; cf. Concilio de Trento, Sesión XIII, *Decreto sobre el Sacramento de la Eucaristía*, cap. 4.

27 *Catecismo de la Iglesia Católica*, no. 1374; véase también *Sacrosanctum Concilium*, no. 7.

28 Papa Pablo VI, *Mysterium Fidei*, no. 39.

presencia singular de Cristo en la Eucaristía pretende transmitir la totalidad del don que él nos ofrece.

22. Cuando se distribuye la Eucaristía y el ministro dice: "El Cuerpo de Cristo", debemos mirar no simplemente a lo que está visible ante nuestros ojos, sino a lo que se ha convertido por las palabras de Cristo y el don del Espíritu Santo: el Cuerpo de Cristo.[29] La respuesta del comulgante, "Amén", es una profesión de fe en la Presencia Real de Cristo y refleja el íntimo encuentro personal con él, con su don de sí mismo, que viene a través de la recepción de la Sagrada Comunión.

23. La firme creencia de la Iglesia en la Presencia Real de Cristo se refleja en el culto que ofrecemos al Santísimo Sacramento de diversas maneras, entre ellas la Exposición Eucarística, la Adoración y la Bendición; las procesiones eucarísticas y la devoción de las Cuarenta Horas. Además, las prácticas de hacer una genuflexión reverente ante el Santísimo Sacramento reservado en el tabernáculo, inclinar la cabeza antes de recibir la Sagrada Comunión y abstenerse de comer y beber durante al menos una hora

---

29 Véase San Ireneo, *Contra las herejías*, IV.16.28.

antes de recibir la Comunión son manifestaciones claras de la fe eucarística de la Iglesia.[30]

C) Comunión con Cristo y la Iglesia

24. Cuando recibimos la Sagrada Comunión, Cristo se está dando a nosotros. Viene a nosotros con toda humildad, como vino a nosotros en la Encarnación, para que lo recibamos y nos hagamos uno con él. Cristo se entrega a nosotros para que podamos continuar el camino peregrino hacia la vida con él en la plenitud del Reino de Dios. El teólogo ortodoxo del siglo XIV Nicolás Cabasilas describió este sacramento diciendo: "En la Eucaristía, 'con preferencia respecto a los otros sacramentos, el misterio [de la comunión] es tan perfecto que conduce a la cúspide de todos los bienes: en ella culmina todo deseo humano, porque aquí llegamos a Dios y Dios se une a nosotros con la unión más perfecta'".[31] A través de este sacramento, la Iglesia peregrina se alimenta,

---

30 Véase *Código de Derecho Canónico*, c. 919 §1. "Quien vaya a recibir la santísima Eucaristía, ha de abstenerse de tomar cualquier alimento y bebida al menos desde una hora antes de la sagrada comunión, a excepción sólo del agua y de las medicinas".

31 Nicolás Cabasilas, *La vida en Cristo*, IV, 10, citado en Papa Juan Pablo II, *Ecclesia de Eucharistia*, no. 34.

profundizando su comunión con el Dios trinitario y, en consecuencia, la de sus miembros entre sí.[32]

25. El sacramento de la Eucaristía se llama Sagrada Comunión precisamente porque, al ponernos en íntima comunión con el sacrificio de Cristo, somos puestos en íntima comunión con él y, por él, entre nosotros. Por eso, la Eucaristía se llama Sagrada Comunión porque "la comunión de vida divina y la unidad del Pueblo de Dios, sobre los que la propia Iglesia subsiste, se significan adecuadamente y se realizan de manera admirable en la Eucaristía".[33] ¿Cómo podemos entender esto? El Evangelio de Juan cuenta que, cuando Jesús murió en la cruz, *salió sangre y agua* (Jn 19, 34), símbolo del Bautismo y de la Eucaristía. El Concilio Vaticano II enseña: "Este comienzo y crecimiento [de la Iglesia] están simbolizados en la sangre y en el agua que manaron del costado abierto de Cristo crucificado",[34] y que "del costado de Cristo dormido en la cruz nació 'el sacramento admirable de la Iglesia entera'".[35] En esta imagen del Evangelio

32 Véase Papa Juan Pablo II, *Ecclesia de Eucharistia*, no. 34.

33 *Catecismo de la Iglesia Católica*, no. 1325, citando *Eucharisticum Mysterium*, no. 6.

34 Concilio Vaticano II, *Lumen Gentium*, no. 3.

35 Concilio Vaticano II, *Sacrosanctum Concilium*, no. 5.

de Juan vemos que la Iglesia, la Esposa del Cordero, nace del amor sacrificial de Cristo en su ofrenda de sí mismo en la cruz. La Eucaristía re-presenta este único sacrificio para que seamos puestos en comunión con él y con el amor divino del que brota. Somos puestos en comunión unos con otros por este amor que nos es dado. Por eso podemos decir, "la Eucaristía hace la Iglesia".[36]

26. Primero somos incorporados al Cuerpo de Cristo, la Iglesia, a través de las aguas del Bautismo.[37] Sin embargo, el Bautismo, como los demás sacramentos, está ordenado hacia la comunión eucarística.[38] El Concilio Vaticano II enseña,

> Los demás sacramentos, al igual que todos los ministerios eclesiásticos y las obras del apostolado, están unidos con la Eucaristía y hacia ella se ordenan. Pues en la Sagrada Eucaristía se contiene todo el bien espiritual de la Iglesia, es decir, Cristo en persona, nuestra Pascua y pan vivo que, con su Carne, por el Espíritu Santo vivificada y vivificante, da vida a los hombres

---

36 *Catecismo de la Iglesia Católica*, no. 1396.

37 *Código de Derecho Canónico*, c. 849; *Código de Cánones de las Iglesias Orientales*, c. 675 §1.

38 *Código de Derecho Canónico*, c. 897.

> que de esta forma son invitados y estimulados a ofrecerse a sí mismos, sus trabajos y todas las cosas creadas juntamente con Él.

Los Padres conciliares continúan,

> Por lo cual, la Eucaristía aparece como la fuente y cima de toda la evangelización; los catecúmenos, al introducirse poco a poco en la participación de la Eucaristía, y los fieles ya marcados por el sagrado Bautismo y Confirmación, por medio de la recepción de la Eucaristía se injertan plenamente en el Cuerpo de Cristo.[39]

Por eso el Concilio llama al sacrificio eucarístico "fuente y cumbre de toda la vida cristiana".[40]

27. San Pablo subraya que esta comunión existe no sólo entre nosotros, sino también con quienes nos precedieron. Al dirigirse a la Iglesia en Corinto, los alaba por *guardan las tradiciones tal como yo se las he transmitido* (1 Cor 11, 2). Más adelante destaca la Eucaristía como tradición sagrada transmitida por Cristo a los Apóstoles, y que ahora compartimos: *Porque yo recibí del Señor lo mismo que les he transmitido*

---

39 Concilio Vaticano II, *Presbyterorum Ordinis*, no. 5.

40 Concilio Vaticano II, *Lumen Gentium*, no. 11.

(1 Cor 11, 23). Durante cada Misa estamos unidos con todos los hombres y mujeres que alcanzaron la santidad, los santos, que nos han precedido.

28. La obligación de asistir a Misa cada domingo, el Día del Señor, en que conmemoramos la Resurrección de Jesús, y en otros días santos de precepto, es por lo tanto una expresión vital de nuestra unidad como miembros del Cuerpo de Cristo, la Iglesia.[41] También es una manifestación de la verdad de que dependemos totalmente de Dios y de su gracia. Una instrucción del siglo III sobre la vida de la Iglesia señala una de las consecuencias de faltar deliberadamente a Misa: "Que nadie prive a la Iglesia manteniéndose alejado; si lo hacen, ¡privan al Cuerpo de Cristo de uno de sus miembros!"[42] San Juan Pablo II, escribiendo del domingo como "un día que constituye el centro mismo de la vida cristiana", afirma además: "El tiempo ofrecido a Cristo nunca es un tiempo perdido, sino más bien ganado para la humanización profunda de nuestras relaciones y de nuestra vida".[43] Hemos renacido en el Bautismo y nos

41 *Código de Derecho Canónico*, cc. 1246-1248; *Código de Cánones de las Iglesias Orientales*, c. 881.

42 *Didascalia Apostolorum*, no. 13.

43 Papa Juan Pablo II, *Dies Domini*, no. 7.

hemos alimentado de la Eucaristía para que podamos vivir en comunión con Dios y entre nosotros, no sólo hoy, sino también en la plenitud del Reino celestial. Adorar a Dios los domingos, entonces, no es la mera observancia de una regla sino la realización de nuestra identidad, de lo que somos como miembros del Cuerpo de Cristo. La participación en la Misa es un acto de amor.

II. NUESTRA RESPUESTA

29. En el Prefacio común IV del *Misal Romano*, el sacerdote reza lo siguiente:

> Pues, aunque no necesitas de nuestra alabanza, es don tuyo que seamos agradecidos; y aunque nuestras bendiciones no aumentan tu gloria, nos aprovechan para nuestra salvación. . .

Estas palabras hablan de la gracia de Dios, el don dado gratuitamente, que nos inspira a darle gracias y a adorarlo, obra nuestra transformación en la semejanza de Cristo, nos ayuda a buscar el perdón y a recibirlo cuando caemos en el pecado, y nos impulsa a avanzar y a dar testimonio de Cristo en el mundo.

A) Acción de gracias y adoración

30. Habiendo sido santificados por el don de la Eucaristía y llenos de fe, esperanza y caridad, los fieles están llamados a responder a este don. En efecto, es natural que demos gracias al Señor por todo lo que nos ha dado. *¿Cómo pagaré al Señor por todos sus favores? El cáliz alzaré de salvación invocando su nombre* (Sal 115 [116], 12-13). La palabra "Eucaristía" significa literalmente "acción de gracias". Incluso nuestra manera de dar gracias viene de Dios, pues lo hacemos siguiendo el mandato del Señor: *Hagan esto en memoria mía* (Lc 22, 19).

31. El Concilio Vaticano II enseñó que, para poder dar gracias adecuadamente en la celebración de la Misa, debemos tener una "participación plena, consciente y activa en las celebraciones litúrgicas".[44] Necesitamos ser conscientes del don que hemos recibido, don que no es otro que el Señor mismo en su acto de entrega. Nos hacemos conscientes de este don cuando involucramos activamente nuestras mentes, corazones y cuerpos en cada parte de la

---

44 Concilio Vaticano II, *Sacrosanctum Concilium*, no. 14; véanse también *Código de Derecho Canónico*, cc. 835 §4 y 837 §2, y *Código de Cánones de las Iglesias Orientales*, c. 673.

liturgia, permitiendo que Dios nos hable a través de las palabras, acciones, gestos e incluso los momentos de silencio. Participamos activa y conscientemente prestando toda nuestra atención a las palabras que se pronuncian en las oraciones y las Escrituras, incluso si las hemos escuchado cientos de veces antes. Lo hacemos también escuchando la homilía y reflexionando sobre cómo puede el Señor estar hablándonos a través de su ministro ordenado. Damos gracias activamente cuando nos unimos al canto y a las respuestas; cuando nos arrodillamos, nos ponemos de pie y nos sentamos, y cuando prestamos atención a los tiempos litúrgicos donde se nos revela toda la historia de lo que Dios ha hecho por nosotros, en y a través de su Hijo.

32. La gratitud que nos inspira a dar gracias y adorar a Dios en la celebración de la Eucaristía debe ser alimentada y enriquecida por la belleza de la acción litúrgica misma. Los obispos y los sacerdotes tienen el deber particular de asegurar que la Misa se celebre de manera acorde con la santidad de lo que se lleva a cabo. Como el papa Francisco escribió recientemente a los obispos del mundo, "os pido que procuréis que cada liturgia se celebre con

decoro y fidelidad a los libros litúrgicos promulgados tras el Concilio Vaticano II, sin excentricidades que fácilmente degeneran en abusos".[45] Los sacerdotes celebrantes de la Misa deben tener una comprensión orante de los libros litúrgicos, así como de las fiestas y los tiempos, y ser fieles a los textos y las rúbricas establecidos por la Iglesia.[46] De esa manera, conducirán a la gente más profunda y reverentemente al intercambio que es el diálogo del Padre y el Hijo en el Espíritu Santo.[47]

33. Nuestra gratitud también se expresa en nuestra adoración del Santísimo Sacramento fuera de la Misa. Estas formas de adoración están todas intrínsecamente relacionadas con la celebración eucarística.

> En la Eucaristía el Hijo de Dios viene a nuestro encuentro y desea unirse a nosotros; la adoración eucarística no es sino la continuación obvia de la celebración eucarística. Recibir la Eucaristía significa adorar al que recibimos. Precisamente

---

45 Papa Francisco, Carta a los obispos de todo el mundo para presentar el *Motu Proprio "Traditionis Custodes"*, 16 de julio de 2021.

46 *Código de Derecho Canónico*, c. 846 §1; *Código de Cánones de las Iglesias Orientales*, c. 668 §2.

47 Véase *https://www.usccb.org/prayer-and-worship/the-mass/frequently-asked-questions/ars-celebrandi*.

> así, y sólo así, nos hacemos una sola cosa con Él y, en cierto modo, pregustamos anticipadamente la belleza de la liturgia celestial.[48]

Nos regocijamos por el número creciente de fieles que rezan en adoración ante el Santísimo Sacramento, un testimonio de fe en la Presencia Real del Señor en la Eucaristía. Alentamos esta devoción, que nos ayuda a todos a ser formados por el amor desinteresado que contemplamos en el don de sí mismo del Señor en la Eucaristía. Se dice que santa (Madre) Teresa de Calcuta dijo una vez: "Cuando miras el crucifijo, comprendes cuánto te amó Jesús entonces. Cuando miras la Sagrada Hostia, comprendes cuánto te ama Jesús ahora".

B) Transformación en Cristo

34. La persona que participa dignamente de la Eucaristía mejora cada vez más su capacidad para vivir la nueva ley del amor dada por Cristo precisamente porque Cristo se comunica a sí mismo en el sacramento del altar. El fundamento de nuestra transformación personal y moral es la comunión con

---

48 Papa Benedicto XVI, *Sacramentum Caritatis*, no. 66.

Cristo, que él establece en el Bautismo y profundiza en la Eucaristía. En la celebración de la Misa, se nos muestra lo que es verdaderamente el amor, y recibimos la gracia que nos permite imitar el amor que Cristo nos muestra. San Juan Pablo II señaló que la vida moral del cristiano nace y se alimenta de "aquella inagotable fuente de santidad y glorificación de Dios" que se encuentra en los sacramentos, especialmente la Eucaristía: "participando en el sacrificio de la cruz, el cristiano comulga con el amor de entrega de Cristo y se capacita y compromete a vivir esta misma caridad en todas sus actitudes y comportamientos de vida".[49]

35. La transformación personal y moral que se sostiene por la Eucaristía alcanza todos los ámbitos de la vida humana. El amor de Cristo puede impregnar todas nuestras relaciones: con nuestras familias, con nuestros amigos y con nuestro prójimo. También puede reformar la vida de nuestra sociedad en su conjunto. Nuestra relación con Cristo no se restringe al ámbito privado; no es sólo para nosotros. La misma solidaridad o comunión en el amor de entrega de Cristo que hace la Iglesia y nos hace miembros de la

---

49 Papa Juan Pablo II, *Veritatis Splendor*, no. 107.

Iglesia nos ordena más allá de la comunidad visible de fe a todos los seres humanos, a quienes debemos amar con ese mismo amor que forma nuestra comunión con el Señor. De lo contrario, si no amamos a todos los seres humanos de esta manera, nuestra comunión con el Señor se ve impedida o incluso contradicha. Este amor se extiende particular y "preferentemente" a los pobres y los más vulnerables. Todos debemos ser coherentes al llevar el amor de Cristo no sólo a nuestra vida personal, sino también a todas las dimensiones de nuestra vida pública.

36. Corresponde a los laicos en particular transformar las relaciones sociales conforme al amor de Cristo, que se realiza concretamente en acciones que obran por el bien común objetivo. Los laicos, "conscientes de su llamada a la santidad en virtud de su vocación bautismal, tienen que actuar a manera de fermento en la masa para construir una ciudad temporal que esté de acuerdo con el proyecto de Dios. La coherencia entre fe y vida en el ámbito político, económico y social exige la formación de la conciencia, que se traduce en un conocimiento de la Doctrina

social de la Iglesia".[50] Los laicos que ejercen alguna forma de autoridad pública tienen la responsabilidad especial de formar su conciencia de acuerdo con la fe de la Iglesia y la ley moral, y de servir a la familia humana defendiendo la vida y la dignidad humana.

37. El *Catecismo de la Iglesia Católica* nos recuerda que la "*Eucaristía entraña un compromiso en favor de los pobres*: Para recibir en la verdad el Cuerpo y la Sangre de Cristo entregados por nosotros debemos reconocer a Cristo en los más pobres, sus hermanos".[51] Predicando sobre Mateo 25, san Juan Crisóstomo observó: "¿Deseas honrar el cuerpo de Cristo? No lo desprecies, pues, cuando lo encuentres desnudo en los pobres, ni lo honres aquí, en el templo, con lienzos de seda, si al salir lo abandonas en su frío y desnudez. Porque el mismo que dijo: Esto es mi cuerpo, y con su palabra llevó a realidad lo que decía, afirmó también: Tuve hambre y no me disteis de comer".[52] Santa Teresa de Calcuta es un ejemplo

---

50 V Conferencia General del Episcopado Latinoamericano y del Caribe, *Documento de Aparecida*, no. 505; véanse también *Código de Derecho Canónico*, cc. 225 §2 y 227, y *Código de Cánones de las Iglesias Orientales*, cc. 401-402 y 406.

51 *Catecismo de la Iglesia Católica*, no. 1397.

52 San Juan Crisóstomo, *Homilías sobre el Evangelio de Mateo*, 50, 3-4: *PG* 58, 508.509, citado por el papa Juan Pablo II en *Dies Domini*, no. 71.

sobresaliente en tiempos más recientes de alguien que aprendió a reconocer a Cristo en los pobres. Fue su profunda fe en la Eucaristía y su recepción de la Sagrada Comunión lo que motivaba su cuidado amoroso de los más pobres entre los pobres y su compromiso con la santidad de toda vida humana. Al contemplar el rostro de Cristo en la Eucaristía, aprendió a reconocer su rostro en los pobres y en los que sufren. Se dice que la Madre Teresa afirmó: "Debemos orar a Jesús para que nos dé esa ternura de la Eucaristía. A menos que creamos y veamos a Jesús en la apariencia del pan sobre el altar, no podremos verlo en el angustioso disfraz de los pobres".

38. El papa Francisco nos ha advertido que en nuestra "cultura del descarte" debemos luchar contra la tendencia a ver a las personas como "desechables":

> Partes de la humanidad parecen sacrificables en beneficio de una selección que favorece a un sector humano digno de vivir sin límites. En el fondo "no se considera ya a las personas como un valor primario que hay que respetar y amparar, especialmente si son pobres o discapacitadas, si

'todavía no son útiles' —como los no nacidos—, o si 'ya no sirven' —como los ancianos—".[53]

Como cristianos, tenemos la responsabilidad de promover la vida y la dignidad de la persona humana, y de amar y proteger a los más vulnerables entre nosotros: los no nacidos, los migrantes y refugiados, las víctimas de la injusticia racial, los enfermos y los ancianos.

39. El Concilio Vaticano II subraya la importancia de la reverencia hacia la persona humana. "Cada uno, sin excepción de nadie, debe considerar al prójimo como otro yo, cuidando en primer lugar de su vida y de los medios necesarios para vivirla dignamente, no sea que imitemos a aquel rico que se despreocupó por completo del pobre Lázaro".[54] El Concilio continúa diciendo que

> cuanto atenta contra la vida -homicidios de cualquier clase, genocidios, aborto, eutanasia y el mismo suicidio deliberado-; cuanto viola la integridad de la persona humana, como, por ejemplo, las mutilaciones, las torturas morales o

---

53 Papa Francisco, *Fratelli Tutti*, no. 18, citando su Discurso al Cuerpo Diplomático acreditado ante la Santa Sede (11 de enero de 2016).

54 Concilio Vaticano II, *Gaudium et Spes*, no. 27.

físicas, los conatos sistemáticos para dominar la mente ajena; cuanto ofende a la dignidad humana, como son las condiciones infrahumanas de vida, las detenciones arbitrarias, las deportaciones, la esclavitud, la prostitución, la trata de blancas y de jóvenes; o las condiciones laborales degradantes, que reducen al operario al rango de mero instrumento de lucro, sin respeto a la libertad y a la responsabilidad de la persona humana: todas estas prácticas y otras parecidas son en sí mismas infamantes, degradan la civilización humana, deshonran más a sus autores que a sus víctimas.[55]

40. Así como la Eucaristía nos impulsa a escuchar el clamor de los pobres, y responder en el amor, también estamos llamados a escuchar el clamor de la tierra y, del mismo modo, responder con amorosa solicitud.[56] El papa Francisco, como el papa Benedicto XVI antes que él, ha trazado elocuentemente la conexión entre la celebración de la Eucaristía y el cuidado del medio ambiente.[57] Toda la creación da

55 Concilio Vaticano II, *Gaudium et Spes*, no. 27.

56 Papa Francisco, *Laudato Si'*, no. 49.

57 Papa Francisco, *Laudato Si'*, no. 236; Papa Benedicto XVI, *Sacramentum Caritatis*, no. 92.

gloria a Dios, y camina hacia la divinización, hacia la unión con el Creador.

41. Esperamos el día en que todos esos males sean eliminados, cuando el Reino de Dios se establezca en su plenitud. Entonces, habrá *un cielo nuevo y una tierra nueva*, y la comunidad humana habitará en *una nueva Jerusalén*, en la que Dios mismo habitará con su pueblo (Ap 21, 1-3). Nadie sufrirá por la pobreza, la injusticia o la violencia. Podremos vernos los unos a los otros como Dios nos ve, sin ninguna de las distorsiones causadas por el pecado o por estructuras de pecado como el racismo o las diversas manifestaciones de la cultura del descarte. Nadie será visto como "desechable". Podremos amarnos unos a otros de una manera que refleje la manera en que Dios nos ama.

42. Si bien es demasiado obvio que en nuestro mundo actual el Reino no se ha establecido plenamente, nuestra comunión con el Señor muestra que el Reino de Dios no es simplemente algo que esperamos al final de los tiempos. El Reino ya está presente, si no en su plenitud: El Reino "ha venido en la persona de Cristo y crece misteriosamente en el

corazón de los que le son incorporados",[58] hasta su consumación cuando él venga de nuevo en gloria. El misterio del Reino permanece presente en la Iglesia porque ella está unida a Cristo como los miembros de un Cuerpo a su Cabeza. En la comunión que es la Iglesia, "existe ya y será consumado al fin de los tiempos 'el Reino de los cielos', 'el Reino de Dios'".[59]

43. Dios no sólo nos ha llamado a salir de la indiferencia pecaminosa a hacer todo lo posible para contribuir a la venida del Reino; a través de Cristo nos ha dado la gracia que necesitamos para hacer esto. El *Compendio de la Doctrina Social de la Iglesia* explica:

> Los hombres renovados por el amor de Dios son capaces de cambiar las reglas, la calidad de las relaciones y las estructuras sociales: son personas capaces de llevar paz donde hay conflictos, de construir y cultivar relaciones fraternas donde hay odio, de buscar la justicia donde domina la explotación del hombre por el hombre. Sólo el amor es capaz de transformar de modo radical las relaciones que los seres humanos tienen entre sí.[60]

---

58 *Catecismo de la Iglesia Católica*, no. 865.

59 *Catecismo de la Iglesia Católica*, no. 865.

60 *Compendio de la Doctrina Social de la Iglesia*, no. 4.

C) Conversión

44. Cristo comenzó su ministerio público llamando a la gente al arrepentimiento y la conversión: arrepiéntanse y *crean en el Evangelio* (Mc 1, 15; cf. Mt 4, 17). Por tanto, es apropiado que, al comienzo de cada Misa, se nos invite a reconocer nuestros pecados para prepararnos a celebrar los sagrados misterios. Confesamos que hemos pecado, e imploramos la misericordia del Señor. Esto es necesario ya que todos somos pecadores y a veces no estamos a la altura de nuestra vocación como discípulos de Jesús y de las promesas de nuestro Bautismo. Necesitamos atender continuamente el llamado de Cristo a la conversión. Confiamos en su misericordia, la misericordia que contemplamos en su cuerpo partido por nosotros y en su sangre derramada por nosotros para el perdón de nuestros pecados. Debemos acercarnos al Señor con corazones humildes y contritos y decir con sinceridad: "Señor, no soy digno de que entres en mi casa, pero una palabra tuya bastará para sanarme".

45. Si bien todas nuestras fallas en hacer lo correcto dañan nuestra comunión con Dios y con los demás, ellas caen en diferentes categorías, reflejando

diferentes grados de severidad. Esto nos lleva a la distinción entre pecados veniales y mortales. Los pecados veniales son aquellos pecados y faltas cotidianas que, aunque reflejan cierto grado de egoísmo, no rompen la alianza con Dios. No privan al pecador de la amistad con Dios ni de la gracia santificante.[61] Los pecados veniales no deben tomarse a la ligera, pero no destruyen la comunión porque no destruyen el principio de la vida divina en nosotros. En efecto, la recepción de la Eucaristía fortalece nuestra caridad y borra los pecados veniales, al tiempo que nos ayuda también a evitar pecados más graves.[62] El papa Francisco llamó la atención sobre este carácter medicinal de la Eucaristía cuando señaló que "no es un premio para los perfectos sino un generoso remedio y un alimento para los débiles".[63] También nos advierte contra el error pelagiano de olvidar nuestra constante necesidad de gracia y pensar que vivir una vida santa depende de nuestra propia fuerza de voluntad.[64]

---

61 Véase *Catecismo de la Iglesia Católica*, no. 1863.

62 *Catecismo de la Iglesia Católica*, nos. 1394 y 1395, citando al Concilio de Trento: La Eucaristía es como un "antídoto con que nos libramos de las culpas cotidianas y nos preservamos de los pecados mortales", Sesión XIII, *Decreto sobre el Sacramento de la Eucaristía*, cap. 2.

63 Papa Francisco, *Evangelii Gaudium*, no. 47.

64 Papa Francisco, *Gaudete et Exsultate*, nos. 48-62.

46. Hay algunos pecados, sin embargo, que sí rompen la comunión que compartimos con Dios y con la Iglesia, y que ofenden gravemente la dignidad humana. Estos se conocen como pecados graves o mortales (véase 1 Jn 5, 16-17). Se comete pecado mortal por elegir libre, deliberada y voluntariamente hacer algo que implica materia grave y que se opone a la caridad, al amor a Dios y al prójimo.[65]

47. No se debe celebrar la Misa ni recibir la Sagrada Comunión en estado de pecado mortal sin haber buscado el Sacramento de la Reconciliación y recibido la absolución.[66] Como la Iglesia ha enseñado constantemente, una persona que recibe la Sagrada Comunión en estado de pecado mortal no sólo no recibe la gracia que el sacramento transmite; también comete el pecado de sacrilegio al no mostrar la reverencia debida al sagrado Cuerpo y Sangre de Cristo. San Pablo nos advierte que *el que coma el pan o beba la copa del Señor indignamente tendrá que dar*

---

65 Santo Tomás de Aquino, *Summa Theologiae* I-II, c. 88, art. 2.

66 Véanse *Código de Derecho Canónico*, c. 916; *Código de Cánones de las Iglesias Orientales*, c. 712. La excepción a esta regla es una situación en la que la persona tiene una razón grave para recibir la Comunión pero no tiene oportunidad de confesarse; sin embargo, la persona está obligada a hacer un acto de contrición perfecta y a resolver confesarse en la primera oportunidad.

cuenta del Cuerpo y de la Sangre del Señor. Que cada uno se examine a sí mismo antes de comer este pan y beber esta copa; porque si come y bebe sin discernir el Cuerpo del Señor, come y bebe su propia condenación (1 Cor 11, 27-29). Recibir el Cuerpo y la Sangre de Cristo en estado de pecado mortal representa una contradicción. La persona que, por su propia acción, ha roto la comunión con Cristo y su Iglesia pero recibe el Santísimo Sacramento, actúa incoherentemente, reclamando y rechazando al mismo tiempo la comunión. Es, pues, un contrasigno, una mentira: expresa una comunión que de hecho ha sido rota.

48. También debemos tener en cuenta que "la celebración de la Eucaristía no puede ser el punto de partida de la comunión, [sino] que la presupone previamente, para consolidarla y llevarla a perfección".[67] La Eucaristía es el sacramento de la comunión eclesial, ya que a la vez significa y realiza más plenamente la comunión con Cristo que comenzó en el Bautismo. Esto incluye la comunión en su "dimensión *visible*, que implica la comunión en la doctrina de los Apóstoles, en los Sacramentos y en el orden

67 Papa Juan Pablo II, *Ecclesia de Eucharistia*, no. 35.

jerárquico".[68] Asimismo, la recepción de la Sagrada Comunión implica la comunión con la Iglesia en esta dimensión visible. Repetimos lo que los obispos de los Estados Unidos afirmaron en 2006:

> Sin embargo, si un católico en su vida personal o profesional rechazara, a sabiendas y obstinadamente, las doctrinas definidas de la Iglesia, o a sabiendas y obstinadamente repudiara sus enseñanzas definitivas sobre cuestiones morales, entonces estaría disminuyendo seriamente su comunión con la Iglesia. La recepción de la Sagrada Comunión en tal situación no estaría de acuerdo con la naturaleza de la celebración eucarística, así que dicha persona debería abstenerse.[69]

---

68 Papa Juan Pablo II, *Ecclesia de Eucharistia*, no. 35; véanse también *Código de Derecho Canónico*, c. 205, y *Código de Cánones de las Iglesias Orientales*, c. 8.

69 USCCB, *"Dichosos los invitados a la cena del Señor": Sobre la preparación para recibir dignamente a Cristo en la Eucaristía*, pág. 11; véase *Código de Derecho Canónico*, c. 916: "Quien tenga conciencia de hallarse en pecado grave, no celebre la Misa ni comulgue el Cuerpo del Señor sin acudir antes a la confesión sacramental, a no ser que concurra un motivo grave y no haya oportunidad de confesarse; y en este caso, tenga presente que está obligado a hacer un acto de contrición perfecta, que incluye el propósito de confesarse cuanto antes".

La recepción de la Sagrada Comunión en tal situación también podría causar escándalo a otros, debilitando su determinación de ser fieles a las exigencias del Evangelio.[70]

49. La comunión con Cristo y su Iglesia implica, por consiguiente, tanto la "comunión invisible" (estar en estado de gracia) como la "comunión visible". San Juan Pablo II explicó:

> El juicio sobre el estado de gracia, obviamente, corresponde solamente al interesado, tratándose de una valoración de conciencia. No obstante, en los casos de un comportamiento externo grave, abierta y establemente contrario a la norma moral, la Iglesia, en su cuidado pastoral por el buen orden comunitario y por respeto al Sacramento, no puede mostrarse indiferente. A esta situación de manifiesta indisposición moral se refiere la norma del *Código de Derecho Canónico* que no permite la admisión a la comunión eucarística a los que 'obstinadamente persistan

70 Véase *Catecismo de la Iglesia Católica*, no. 2284.

en un manifiesto pecado grave'.[71]

Es responsabilidad especial del obispo diocesano trabajar para remediar situaciones que impliquen acciones públicas en desacuerdo con la comunión visible de la Iglesia y la ley moral. En efecto, el obispo debe velar por la integridad del sacramento, la comunión visible de la Iglesia y la salvación de las almas.

50. Antes de recibir la Sagrada Comunión, debemos hacer un buen examen de conciencia para asegurarnos de que estamos debidamente dispuestos a recibir el Cuerpo y la Sangre del Señor.[72] Si descubrimos que hemos roto la comunión con Cristo y su Iglesia, no estamos debidamente dispuestos a recibir la Eucaristía. Sin embargo, no debemos desesperarnos, ya que el Señor en su misericordia nos ha dado un remedio. Él nos ama y desea profundamente perdonarnos y restaurar nuestra comunión con él. En la

71 Papa Juan Pablo II, *Ecclesia de Eucharistia*, no. 37; ver *Código de Derecho Canónico*, c. 915: "No deben ser admitidos a la sagrada comunión los que han sido excomulgados o interdictos después de la imposición o declaración de la pena y los demás que obstinadamente perseveran en el pecado grave manifiesto". Asimismo, el *Código de Cánones de las Iglesias Orientales* establece que "a los que son públicamente indignos les está prohibido recibir la Divina Eucaristía" (c. 712).

72 Para la enseñanza de la Iglesia sobre la conciencia, véanse Concilio Vaticano II, *Gaudium et Spes*, no. 16; *Catecismo de la Iglesia Católica*, nos. 1776-1802, Papa Juan Pablo II, *Veritatis Splendor*, nos. 31-34 y 54-64.

primera noche de Pascua, Jesús Resucitado dio a los Apóstoles y a sus sucesores el poder de perdonar los pecados y de reconciliar a los pecadores con la Iglesia. Dio a la Iglesia el Sacramento de la Penitencia y la Reconciliación cuando sopló sobre los Apóstoles y les dijo: *Reciban el Espíritu Santo. A los que les perdonen los pecados, les quedarán perdonados; y a los que no se los perdonen, les quedarán sin perdonar* (Jn 20, 22-23). Cada vez que pecamos, tenemos esta hermosa oportunidad de ser renovados y fortalecidos por la gracia de Dios. Si hemos pecado gravemente, el sacramento nos brinda la oportunidad de recuperar el don de la gracia santificante y ser restaurados a la plena comunión con Dios y la Iglesia. Todo lo que el sacramento requiere de nosotros como penitentes es que tengamos contrición por nuestros pecados, resolvamos no volver a pecar, confesemos nuestros pecados, recibamos la absolución sacramental y hagamos la penitencia asignada. Exhortamos a todos los católicos a una renovada apreciación de este maravilloso sacramento en el que recibimos el perdón y la paz del Señor. En palabras del papa Francisco, decimos a todos los católicos de nuestro país: "No tengan miedo de ir al Sacramento de la Confesión, donde encontrarán a Jesús que los perdona".[73]

D) Alimento para el camino

51. Las vidas de los santos y beatos nos muestran la importancia de la Eucaristía en nuestro camino como discípulos de Jesús. Muchos dan testimonio del poder de la Eucaristía en su vida. Vemos los frutos de la Sagrada Comunión en su vida de fe, esperanza y caridad. Fue su unión íntima con Jesús en la Sagrada Comunión y frecuentemente su oración ante el Santísimo Sacramento lo que los alimentó y fortaleció en su camino al cielo. Ellos nos enseñan que el "crecimiento de la vida cristiana necesita ser alimentado por la comunión eucarística, pan de nuestra peregrinación, hasta el momento de la muerte, cuando nos sea dada como viático".[74]

52. El beato Carlo Acutis, un adolescente italiano fallecido a los quince años y beatificado en 2020, decía: "La Eucaristía es mi autopista al cielo".[75]

---

73 Papa Francisco en Twitter (@Pontifex), 13 de diciembre de 2013. (*Versión del traductor*).

74 *Catecismo de la Iglesia Católica*, no. 1392.

75 Véase "En la Eucaristía su autopista al cielo: En Asís la beatificación del joven Carlo Acutis", *L'Osservatore Romano* (16 de octubre de 2020).

El beato Carlo alcanzó la santidad a una edad tan temprana porque la Eucaristía estaba en el centro de su vida. Asistía a misa todos los días y rezaba cada día ante el Santísimo Sacramento en adoración. Descubrió la alegría de la amistad con Jesús y llevó esa alegría, la alegría del Evangelio, a los demás. Fue un apóstol de la Eucaristía a través de la internet. Decía: "Estar siempre unido a Jesús, ese es mi proyecto de vida".[76]

53. Igualmente, san José Sánchez del Río, un adolescente mexicano martirizado a los catorce años y canonizado en 2016, estaba tan lleno de amor por Cristo y su Iglesia que estuvo dispuesto a dar su vida antes que renunciar a Cristo y su Reino. Estando en prisión, san José Sánchez del Río pudo recibir el Santísimo Sacramento cuando lo introdujeron de contrabando en su celda junto con una canasta de alimentos. Fortalecido por este viático, pudo soportar la tortura y permanecer fiel a Cristo cuando sus captores le dijeron que debía renunciar a su fe o ser

76 Véase Nicola Gori, *Carlo Acutis: The First Millennial Saint*, trans. Daniel Gallagher (Huntington, Ind.: Our Sunday Visitor, 2021), Introduction. (*Versión del traductor*).

ejecutado.[77] Respondió a sus perseguidores: "Mi fe no está a la venta".[78] Exhortamos a todos, especialmente a nuestros jóvenes, a conocer la vida de estos santos adolescentes. En medio de tantas distracciones en nuestra vida, el beato Carlo y san José Sánchez del Río nos enseñan a enfocarnos en lo que es más importante que cualquier otra cosa.

54. Hay muchas personas que se han sentido atraídas por la Iglesia Católica y entraron en la Iglesia porque llegaron a creer en la Presencia Real de Cristo en la Eucaristía. Nuestra primera santa nacida en los Estados Unidos, Isabel Ana Seton, es una de estas personas conversas. Se sintió atraída a ingresar a la Iglesia Católica después de ser testigo de la devoción de los católicos al Santísimo Sacramento. Se preguntó acerca de esa devoción. La gracia de Dios la llevó a la fe en la Presencia Real. Cuando todavía era episcopaliana, se encontraba una vez en oración en su iglesia en Nueva York, cuando miró por la ventana abierta y se imaginó orando a Jesús

---

77 Véase "José Anacleto González Flores y ocho compañeros—biografías", Vatican News Service (20 de noviembre de 2005).

78 "Postulator Recalls St. Jose Sanchez del Rio Saying 'My Faith Is Not for Sale'", *National Catholic Register* (17 de octubre de 2016). (*Versión del traductor*).

en el tabernáculo de una iglesia católica a una cuadra de distancia. La noche después de su entrada en la Iglesia Católica y su Primera Comunión, santa Isabel Ana escribió en su diario: "Por fin DIOS ES MÍO y YO SOY SUYA".[79] Por el resto de su vida, su profunda fe y servicio pionero a la Iglesia en nuestra joven nación se alimentó de la Sagrada Eucaristía.

55. En los últimos años, un número cada vez mayor de cristianos en nuestro país han dejado sus iglesias y han pasado a ser no afiliados religiosamente. Invitamos a los católicos que han dejado la Iglesia o que ya no practican la fe a volver a casa. Los extrañamos y los amamos. Oramos para que Jesús los atraiga de regreso a su familia católica, su Cuerpo Místico, a través de su Cuerpo Eucarístico. Repetimos estas palabras atribuidas a santa Teresa de Calcuta: "Una vez que comprendes la Eucaristía, nunca puedes dejar la Iglesia. No porque la Iglesia no te lo permita, sino porque tu corazón no te lo permite".

---

79 Entrada de diario del 25 de marzo de 1805, en *The Beauty of the Eucharist: Shaping and Sustaining Our Catholic Identity*, Eds. Rosemary Vaccari Mysel, Andrew J. Vaccari, Peter I. Vaccari. Boston: Pauline Books and Media (2005), pág. 6. (*Versión del traductor*).

ENVIADOS

56. El papa Benedicto XVI nos recordó que "no podemos guardar para nosotros el amor que celebramos en el Sacramento. Éste exige por su naturaleza que sea comunicado a todos".[80] No somos los únicos necesitados del amor que Cristo nos ha mostrado. Estamos llamados a ayudar al resto del mundo a experimentarlo. "Lo que el mundo necesita es el amor de Dios, encontrar a Cristo y creer en Él. Por eso la Eucaristía no es sólo fuente y culmen de la vida de la Iglesia; lo es también de su misión".[81] Jesús es enviado por el Padre para la salvación del mundo. Al final mismo de la celebración de la Eucaristía, nosotros, que hemos recibido el Cuerpo y la Sangre de Cristo y hemos sido incorporados más profundamente en su Cuerpo Místico, somos igualmente enviados a anunciar la Buena Nueva para la salvación del mundo: "Vayan en paz, glorificando al Señor con su vida".

57. El papa Francisco ha insistido en que la evangelización —difundir la Buena Nueva de Jesucristo— es una tarea de todos los miembros de la Iglesia, no de unos pocos especialistas:

---

80 Papa Benedicto XVI, *Sacramentum Caritatis*, no. 84.

81 Papa Benedicto XVI, *Sacramentum Caritatis*, no. 84.

> Cada uno de los bautizados, cualquiera que sea su función en la Iglesia y el grado de ilustración de su fe, es un agente evangelizador, y sería inadecuado pensar en un esquema de evangelización llevado adelante por actores calificados donde el resto del pueblo fiel sea sólo receptivo de sus acciones. La nueva evangelización debe implicar un nuevo protagonismo de cada uno de los bautizados.[82]

El Papa nos exhorta a todos a convertirnos en discípulos misioneros: "Todo cristiano es misionero en la medida en que se ha encontrado con el amor de Dios en Cristo Jesús; ya no decimos que somos 'discípulos' y 'misioneros', sino que somos siempre 'discípulos misioneros'".[83] Lo esencial no es que uno tenga una formación avanzada, sino que uno descubra a través de Cristo el amor que Dios tiene por nosotros, y que uno desee llevar a otros a ese mismo descubrimiento gozoso: "Si uno de verdad ha hecho una experiencia del amor de Dios que lo salva, no necesita mucho tiempo de preparación para salir a anunciarlo".[84] Todo lo que se necesita es que alguien que ha conocido ese amor, el amor que se muestra

82 Papa Francisco, *Evangelii Gaudium*, no. 120.
83 Papa Francisco, *Evangelii Gaudium*, no. 120.
84 Papa Francisco, *Evangelii Gaudium*, no. 120.

de la manera más preeminente en la Eucaristía, se lo relate a otras personas.

> Todos somos llamados a ofrecer a los demás el testimonio explícito del amor salvífico del Señor, que más allá de nuestras imperfecciones nos ofrece su cercanía, su Palabra, su fuerza, y le da un sentido a nuestra vida. Tu corazón sabe que no es lo mismo la vida sin Él; entonces eso que has descubierto, eso que te ayuda a vivir y que te da una esperanza, eso es lo que necesitas comunicar a los otros.[85]

58. Hemos ofrecido estas reflexiones sobre la fe eucarística y la práctica de la Iglesia como punto de partida. Hay mucho más que se podría decir, pero lo más importante es que penetremos más profundamente por la fe y el amor en este gran Misterio de Misterios. Pidamos todos al Señor que nos llame a un tiempo de renovación eucarística, un tiempo de oración y reflexión, de actos de caridad y de sincero arrepentimiento. El Señor está con nosotros en

85 Papa Francisco, *Evangelii Gaudium*, no. 121.

el Misterio Eucarístico celebrado en nuestras parroquias y misiones, en nuestras hermosas catedrales y en nuestras capillas más pobres. Él está presente y se acerca a nosotros, para que nosotros podamos acercarnos a él. El Señor es generoso con nosotros con su gracia; y así nosotros, por su gracia, siempre debemos pedirle humildemente que nos dé lo que necesitamos.

59. *Yo soy el Alfa y la Omega*, nos dice Cristo Resucitado, *el principio y el fin. Al sediento le daré a beber gratis del manantial del agua de la vida* (Ap 21, 6). Hermanos y hermanas, tengamos sed del Señor que primero sufrió sed por nosotros (véase Jn 19, 28). ¡Adoremos a Jesús que permanece siempre con nosotros, en todos los altares del mundo, y llevemos a otros a compartir nuestra alegría!